훌륭한 지도자가 되고 싶은 당신에게
군주론 100일 필사

일러두기

이 책은 차례가 없습니다.
앞에서부터 차근차근 필사하거나
끌리는 글을 골라 자유롭게 필사해보세요.

훌륭한 지도자가 되고 싶은 당신에게
군주론 100일 필사

니콜로 마키아벨리 지음
김민준 엮음

자화상

프롤로그

진정한 지도자의 덕목이란 무엇일까

    이 책은 니콜로 마키아벨리의 저작 ≪군주론≫에 있는 문장들을 통해, 훌륭한 리더의 조건과 역할을 돌아보기 위해 만들어졌습니다. 다양한 사람들이 모여 사회가 복잡해지고 시대의 흐름이 빨라질수록 그 모든 것들을 서로 조화시키며 어우러질 수 있게끔 노력하는 존재들도 반드시 요구됩니다. 바로 그 존재가 우리가 열렬히 찾아 헤매는 훌륭한 지도자입니다.

    과거 군주의 덕목은 도덕을 지키는 것이기도 했으며 한 때는 수단과 방법을 가리지 않고 생존하는 일이기도 했습니다. 오늘날 진정한 지도자의 덕목은 무엇일까요. 그것은 서로의 마음에 귀 기울이고 각자 자기다움을 유지하며 함께 어우러질 수 있는 방법을 찾아가는 일은 아닐까요. 분명 언제나 변하지 않는 정답은 없습니다. 시민들에게 존경과 영광을 얻은 통치자들도 모두 각자의 방법과 철학을 통해 결과를 만들어낸 것이기 때문입니다.

이 책 속의 문장들은 ≪군주론≫ 속의 내용을 조금씩 발췌한 것이며 이 책이 만들어졌을 시기는 제법 오래되어 현재의 보편적인 인식과 조금은 다른 부분들도 있을 것입니다. 그러나 그 시대의 지혜와 오늘날의 덕목 사이의 공통점과 차이점을 확인하고 한번 생각해보는 것은 구체적인 경험만큼이나 우리 삶에 큰 도움이 될 것입니다.

내 생각을 대변하는 문장, 혹은 내 생각과 다른 문장이라도 직접 한번 필사해보고 그 아래로 자신의 느낀 점도 함께 써내려가기를 반복하다보면, 그저 빠르게 읽고 지나는 것보다 훨씬 더 복잡하고 다양한 시각이 우리 내면에 자리 잡게 된다는 것을 느낄 수 있을 것입니다.

궁극적으로 이 책의 역할은 자기 삶의 위대한 통치자가 될 수 있도록 여러분을 돕는 일입니다. 과거 현인의 시각으로 쓰인 글을 바탕으로 오늘날 자신의 삶을 돌아보고 부디 자기 삶의 위대한 존경을 얻을 수 있는 존재로 거듭나기를 바라겠습니다.

PART 1

군주의 덕목

○ 001

지속적인 탐구와 호기심이
진정한 리더의 덕목을 기른다

제가 가지고 있는 것들 중에서 오랜 경험과 선현들의 업적에 대한 끊임없는 탐구를 통해 쌓은 저의 지식이 다른 무엇보다 더 가치 있고 소중한 것임을 깨닫게 되었습니다. 따라서 저는 오랫동안 생각한 사안들을 한 권의 작은 책으로 정리하여 전하께 바치고자 합니다.

타인의 관점과 시각에서
생각하는 연습을 하라

풍경을 그리는 화가는 산이나 고지대의 특징을 살펴보기 위해서 골짜기와 같은 낮은 곳에 있고, 넓은 평원의 전망을 살펴보기 위해서 산꼭대기에 올라갑니다. 마찬가지로 신민의 본성을 적절히 이해하기 위해서는 군주가 될 필요가 있고, 군주의 성격을 적절히 이해하기 위해서는 신민의 한 사람이 될 필요가 있습니다.

지위란 얻는 것보다 유지하기 위해
더 많은 노력을 해야 하는 법이다

적당한 능력과 성실한 면만 갖추고 있으면 어떤 의외의
강적이 출현하여 그를 쫓아내지 않는 한, 그의 통치는 항상
평온할 것입니다. 설령 특정 사태가 발생하여 왕좌에서
물러난다고 해도 찬탈자가 통치에 어려움을 겪게 되면 이전의
군주는 예전의 지위를 다시 차지할 기회를 얻을 수 있게
됩니다.

통솔력이란 일반적인 상식에
어긋나지 않게 발휘될 때 힘을 지닌다

세습 군주는 신생 군주에 비해 자신의 신민들을 괴롭힐 이유가 많지 않습니다. 그 결과 신민들은 그에게 좋은 감정을 가지게 됩니다. 따라서 군주가 상식 밖의 악행을 저질러 미움을 사지 않는 한 신민들이 그를 따르는 것은 세상의 당연한 이치입니다. 더구나 군주 가문의 통치가 오래 지속될수록 나라를 세울 때 구심점이 된 혁신의 원인은 서서히 기억 속에서 희미해지기 마련입니다. 모든 변화는 새로운 변화를 초래하는 화근을 남기기 때문입니다.

005

긍정적인 변화는 늘 그 속에 익숙한 면모 또한 지니고 있다

정복자가 새로이 점령한 영토를 본국에 병합한 경우, 그것이 동일한 지역에서 동일한 언어를 사용하는가 아닌가에 따라서 달라집니다. 만약 동일 언어 지역이라면 영토를 유지하는 것은 매우 쉬운 일이 됩니다. 오래된 생활양식이 그대로 유지되고 관습도 변하지 않는다면 신민들은 이전과 마찬가지로 평화로운 삶을 지속할 수 있기 때문입니다.

006

외부로부터의 관리감독보다
내부의 자립을 도모할 수 있는
규율 확립이 더 우선이다

식민지 건설 대신 군대를 파견한다면 예상보다 많은 비용이 들 것입니다. 왜냐하면 그 지역에서 거두어들인 세금은 모두 그 지역의 안보에 사용되기 때문입니다. 그래서 그 영토는 오히려 군주에게 손해가 됩니다. 게다가 군대가 그 영토 안에 주둔하면 모든 지역에 손해를 끼치기 때문에 예상보다 더 심각한 피해가 발생할 것입니다. 결국 지역의 주민들은 이러한 불편에 대해 분노하게 되고 서서히 반감을 품게 될 것입니다.

조직을 평화롭게 유지하고
위기를 효과적으로 관리하기 위해서는
단계적 대비가 필수이다

로마인들은 현명한 군주라면 누구나 할 수 있는 조치를 했습니다. 이러한 조치들은 현재의 분규뿐만 아니라 미래에 일어날지도 모를 분규에 대한 배려를 바탕으로 하며, 발생하는 사태를 극복하기 위해 모든 수단을 강구합니다. 만약 분규가 발생하기 전에 알아차리면 처방하기가 쉽지만, 늦도록 방치하여 사태가 커지면 그 어떤 치료도 무용지물이기 때문입니다.

미리 대비하지 않으면
결코 유리한 기회가 찾아오지 않는다

더욱이 그들은 우리 시대의 현자들이 말하고 있는 '유리한 시간이 오기를 기다려라.'라는 격언을 받아들이지 않았습니다. 오히려 그들은 자신들이 지닌 힘과 신중함을 통해 얻는 이득을 취하는 것을 선호했습니다. 왜냐하면 시간은 모든 것을 몰고 오며, 해악은 이득을, 이득은 해악을 가져오기 때문입니다.

자신의 능력을 넘어서는 일은
시도하지 마라

영토를 확장하고자 하는 욕망은 사실 매우 자연스럽고 정상적인 욕구입니다. 유능한 사람들이 이를 수행할 때 그들은 항상 찬양받으며 적어도 비난받지는 않습니다. 그러나 성취할 능력 없는 자들이 수단과 방법을 가리지 않고 이를 추구할 때 그 욕망은 비난받을 만한 실책이 됩니다. 따라서 프랑스 왕이 군대를 이끌고 나폴리 왕국을 공격할 수 있는 능력이 있었다면 그렇게 하는 것이 타당했습니다. 하지만 그럴 능력이 없었다면 나폴리 왕국을 분할하지 말았어야 합니다.

**건강한 조직은
정복하기 쉬운 조직이 아니라,
유지하기 쉬운 조직이다**

알렉산더 대왕은 불과 몇 년 만에 아시아의 패자가 되었고 그 후에 곧 세상을 떠났습니다. 자칫 제국 전체가 혼돈에 빠져 반란이 난무하는 상황에 이르기 쉬웠을 것입니다. 하지만 알렉산더의 후계자들은 그들의 영토를 잘 관리했고, 그들에게는 단지 야심에 의해 발생한 문제만이 있을 뿐이었습니다.
그 비결을 설명하기 위해서는 역사상 알려진 모든 공국은 두 가지 방법 중 하나로 통치되어 왔음을 상기할 필요가 있습니다. 하나는 군주가 자신의 뜻에 따라 임명한 각료들의 보좌를 받아 통치하는 방법이고, 다른 하나는 각자 세습된 권력을 확보하고 있는 제후들과 함께 통치하는 방법입니다. 이때 제후들은 자신의 영토와 신민을 보유하고 있으며

그곳의 신민들은 그를 주군으로 인정하고 자연스럽게 충성을 바칩니다.

변화와 기존 질서 사이에
적절한 균형이 이루어질 때 갈등도 해결된다

앞에서 언급한 것처럼 주민들이 스스로 만든 법제도 하에서
자유롭게 사는 것에 익숙해진 국가를 병합했을 경우, 그들을
다스리는 데에는 아래와 같은 세 가지 방법이 있습니다.
첫 번째 방법은 그들의 정치제도를 파괴하는 것이고,
두 번째 방법은 그 나라에 살면서 직접 통치하는 것이고,
세 번째는 자신들 고유의 법에 따라 예전처럼 살도록
허용하면서 공물을 바치게 하고 지속적으로 우호적인 관계를
유지하는 과두정부를 수립하는 것입니다.

012

선인의 뛰어나고 존경스러운 면모를 학습하면 그와 걸맞은 방향으로 나아가기 마련이다

완전히 새로운 군주국을 서술하면서 가장 훌륭한 군주와 정부를 예로 든다 해도 당연하다 여길 것입니다. 왜냐하면 사람은 거의 항상 선인들의 행적을 따르며 그들의 업적을 모방하는 것을 인간 행동의 지도적 원리라고 생각하기 때문입니다. 그래서 선인이 만들어놓은 길을 그대로 답습하거나, 그 인물이 지녔던 능력에 미치는 일을 함으로써 위대한 사람들의 행적을 따르려 노력한다. 비록 그들의 능력에 필적하지는 못할지라도 모방을 통해 적어도 그것에 근접하려고 합니다.

013

**뛰어난 업적을 남긴 인물들은
자신의 힘든 배경을 기회로
승화시킬 줄 아는 자들이었다**

위대한 인물은 기회를 잡아 자신의 업적을 성공적으로 달성하였습니다. 그들이 지닌 비범한 능력으로 기회를 포착하여 활용한 것입니다. 그 결과 그들의 나라는 영광을 누리며 크게 번영할 수 있었습니다. 모세, 로물루스, 키루스 왕처럼 자신의 능력으로 군주가 된 인물들은 권력을 얻기까지 시련을 겪지만 일단 손에 쥐면 별다른 어려움 없이 권력을 유지합니다.

014

올바른 지휘자가 되기 위해서는
피할 수 없는 갈등과 마주하여
존경을 쟁취해야 한다

나라를 얻는 과정에서 경험하는 어려움은 부분적으로 그들이 자신의 권력을 다지기 위해 새로운 제도와 법률을 도입하는 데에서 시작됩니다. 하지만 새로운 형태의 정부수립을 주도하는 행위가 매우 어렵고 위험하며, 성공하기 힘들다는 점을 깨달아야 할 필요가 있습니다.

015

스스로 능력을 비범하게 갈고닦은 자는 언젠가 반드시 기회를 잡는다

이미 논의한 유명한 사례들보다는 덜 중요하지만 본보기가 될 만한 한 가지 사례를 더 살펴보겠습니다. 그것은 바로 시라쿠사의 히에론 2세의 경우입니다. 그는 일개 신민에서 시라쿠사의 군주가 되었습니다. 그는 주어진 기회를 아주 잘 활용했는데, 그 기회를 제외한다면 행운으로 얻은 것은 없었습니다. 시라쿠사인은 절망적인 위기 상황에 몰렸을 때, 그를 장군으로 선출했습니다. 그는 자신의 직무를 성공적으로 수행하여 군주가 되었습니다. 시라쿠사의 능력에 관해서는 '그에게 부족한 것이 있다면 다만, 다스릴 왕국이 없다는 점이다.'라는 기록이 전해질 정도입니다.

016

요행을 바라지 말고
경험으로써 덕을 쌓아야만 한다

일개 평민이었지만 운이 좋아 군주의 자리에 쉽게 오른 자는 그 자리를 유지하기 위해 많은 어려움을 경험합니다. 즉, 군주의 자리에 오르기까지 아무런 문제도 없지만, 그 후부터 모든 시련이 그의 앞에 몰려오게 됩니다. … 중략 … 무엇보다 갑작스럽게 형성된 국가는 튼튼한 뿌리를 내리지 못하고 급속하게 성장한 식물과 같아서 시련이 닥치게 되면 바로 무너지게 됩니다. 이러한 사태는 갑자기 군주가 된 사람이 어떤 준비를 신속히 해야 하는지, 주어진 행동을 어떻게 유지해야 하는지, 다른 사람이 군주가 되기 전에 마련해두었던 기반과 관계를 나중에라도 어떻게 만들어내야 하는지를 모르고 있기 때문에 일어납니다.

017

비록 자신에게 뛰어난 능력이 있다고 해도
적절한 과정 없이 권력을 얻게 되면
좋지 않은 결과를 마주하게 된다

체사레 보르자(발렌티노 공작)는 부친의 호의와 조력으로 그 지위를 얻었으나 그것이 사라지자 그 지위를 잃고 말았습니다. 그는 타인으로부터 제공받은 영토에 자신의 뿌리를 내리기 위해 가능한 한 모든 수단을 동원하고, 유능한 사람이 당연히 해야 할 모든 조치를 했지만 결과는 좋지 못했습니다. 물론 처음에 자신의 기반이 없던 자여도 위대한 능력이 있으면 그것을 바탕으로 나중에라도 기반을 구축할 수 있습니다. 하지만 그 작업은 무척 어려운 일이며 그렇게 구축된 구조물 역시 매우 불안하기 마련입니다.

중대한 결정은 단순히 느낌이 아니라
분명한 근거에 바탕을 두어야 한다

두 가지 장애물이 발렌티노 공작의 야심을 방해하였습니다. 그중 하나는 자기 군대의 충성심에 대해서 의문을 품은 것이고, 다른 하나는 프랑스 왕의 의중을 알 수 없다는 것이었습니다. 충성심을 의심한 이유는 그가 지휘하고 있던 오르시니파의 군대가 공격 시에 그의 명령을 제대로 수행하지 않았기 때문입니다. 이는 훗날 그들이 그의 영토 확장을 방해할 우려로 번졌습니다. 또 프랑스 왕에 대한 의구심은 그가 이미 손에 넣은 영토마저 빼앗아 가지 않을까 하는 염려로 커져 갔습니다.
공작은 파엔차를 점령한 후 볼로냐로 진격했을 때 그들이 소극적으로 전투에 임하는 것을 보고 오르시니파 군대의 충성심에 대한 의심을 굳혔습니다. 그리고 그가 우르비노 공국을 점령하고 토스카나로 진격했을 때, 전투를

포기하도록 프랑스 왕이 그를 종용한 것을 보고 프랑스 왕의 의중을 간파할 수 있었습니다. 그 결과 공작은 더 이상 타인의 군대와 호의에 의존하지 않기로 결심했습니다.

많은 것을 예상할 수 있다고 해도
모든 것을 통제하지는 못한다

공작은 불굴의 정신과 탁월한 능력을 갖추고 있었습니다. 그는 사람들을 자기편으로 끌어들이고 그렇지 않으면 공격하여 격파하는 등 사람 다루는 능력이 뛰어났습니다. 또한 단기간 내에 기반을 확고히 다졌던 사람이었기 때문에 막강한 국가들과 맞서지 않았거나 건강이 양호했다면 그와 같은 곤경은 다 극복할 수 있었을 것입니다. … 중략 …
"아버지는 자신이 죽고 없을 때 일어날 법한 모든 일을 예상하고 대처 방안도 마련해두었습니다. 그러나 단 한 가지 예상하지 못한 것이 있다면 언제 자신에게 죽음이 다가올지에 대한 것이었습니다. 아버지는 자신에게도 죽음이 임박할 줄은 결코 상상하지 못했습니다."

완벽한 인물이 아니라, 실수 속에서도
비범함을 찾을 수 있는 인물로부터
교훈을 얻어라

신생 군주국을 차지하게 되었을 경우, 적들로부터 자신을
안전하게 지켜야 할 필요가 있다고 생각한다면 군주는 다른
누구보다도 공작의 행적에서 모범 답안을 찾아야 할
것입니다. 우호 세력을 만들고, 무력이나 속임수로 정복하고,
신민들로부터 사랑을 받으면서 동시에 두려움을 갖도록 해야
하며, 군대로부터 복종과 두려움을 확보해야 합니다.
또한 해를 끼칠 가능성이 있는 자는 모두 제거하고, 오래된
제도는 새로운 제도로 개혁하고, 엄격한 동시에 관대해야
하며, 대범해야 하며, 충성을 바치지 않는 군인들은 곧바로
제거하여 새로운 인물들을 발탁하고, 주변의 왕들과
동맹관계를 유지하여 그들이 흔쾌히 도움을 줄 수 있도록 하고,
함부로 공격할 수 없도록 만드는 재주를 공작에게서 배워야 할
것입니다.

021

'높은 지위에 오르도록 새로운 은혜를 베풀면
과거에 입혔던 피해를 잊게 할 수 있다.'
라고 믿는 것은 자기기만에 빠지는 일이다

공작을 비판할 수 있는 지점이 있다면 율리우스를 교황으로
선출되도록 둔 것인데, 이것은 정말로 잘못된 선택이었습니다.
그는 자신이 선호하는 인물을 교황으로 옹립할 수는
없었다고 해도 자신이 반대하는 인물이 선출되는 것을 막을
수는 있었습니다. 그는 자신으로 인해 피해를 입었던 적이
있던 자나 교황이 되었을 때 자신을 두려워할 만한 자가
추기경으로 선출되는 것에는 절대 동의하지 말았어야
했습니다. 왜냐하면 인간은 두려움이나 증오로 인해
타인에게 해를 가하기 때문입니다.

무조건적인 목표 달성이 아닌, 자기 철학 속의 성취가 중요하다

일개 신민에서 군주가 되는 방법에는 두 가지가 더 있습니다. 그런데 이것들은 오로지 행운이나 능력에 의한 것이라고만은 볼 수 없으므로 이에 대해 논의하고자 합니다. 그중 한 가지는 공화국에 대하여 논의할 때보다 더욱 자세하게 논의할 수 있을 것입니다. 두 가지 방법이란 첫째는 일개 신민이
전적으로 부정하고 사악한 방법을 사용하여 군주의 자리에 오르는 것이고, 둘째는 자기 주변 신민들의 호의에 의해 통치자가 되는 것입니다.

023

규제와 시혜는 필수적이지만, 각각 알맞은 기간을 설정하여 진행되어야 인심을 헤아릴 수 있다

정복자는 실행할 필요가 있는 모든 가해행위에 관해서 결정해야 합니다. 그리고 모든 가해행위를 단기간에 진행하여 매일 거듭되지 않도록 해야 합니다. 그러면 무분별한 폭력을 절제해서 신민들을 안심시키고, 이후 그들에게 은혜를 베풀어 민심을 자기편으로 끌어들일 수 있습니다. 이러한 방법을 따르지 않는 자는 누구나 소심해지거나 잘못된 판단을 하게 될 것입니다. 그리하여 손에 언제나 칼을 들고 있어야만 할 테고, 결국 신민들을 믿고 의지할 수 없게 될 것입니다. 지속적으로 저지르는 가해행위는 군주에게서 신민들을 안심시킬 수 없습니다. 가해행위는 모두 한꺼번에 시행되어야 신민들의 반감과 분노를 낮출 수 있습니다. 반면에 은혜는 조금씩 베풀어야 신민들의 감사와 충성을 더 높일 수 있습니다.

024

현명한 리더는 구성원들의 일상 속 가까운 곳에서 머무른다

현명한 군주라면 무엇보다도 자신의 신민들과 함께 살아야 합니다. 그리하면 좋은 일이든 나쁜 일이든 예상치 못한 사건 때문에 자신의 통치법을 갑자기 바꾸는 일을 하지 않아도 됩니다. 왜냐하면 비상시에 예상치 못한 사건이 발생했을 때 단호한 조치를 할 시간적 여유를 가지지 못할 것이고, 이때 군주가 베푼 어떠한 은혜에도 신민들은 군주를 돕지 않을 것이기 때문입니다. 이때는 신민들이 군주가 마지못해 은혜를 베푸는 것으로 받아들이기 때문에 아무런 호감도 얻지 못하게 됩니다.

진정한 위엄은 모두가 늘 같은 뜻을 품도록 하는 것이 아니라, 서로 다른 뜻을 적절히 수용하는 일에서 비롯된다

신민형 군주의 자리에 오르기 위해서 반드시 능력이나 행운이 필요한 것은 아니며, 오히려 주변을 잘 이용하는 영리함이 필요합니다. 이때 신민들의 호의를 이용하는 방법과 귀족들의 호의를 이용하는 방법이 있습니다. 대체로 모든 도시에는 두 가지의 계급이 존재하기 때문입니다. 이때 신민은 귀족에 의해 지배당하거나 억압받기를 원치 않고, 귀족은 신민을 지배하고 억압하고자 합니다. 이 두 가지 성향으로 인해 도시에는 군주정이거나 공화정 그리고 무정부 상태라는 세 가지 중 한 가지 결과가 발생합니다.

026

권력자에 의해서 주어진 권력은
신민들에 의해서 탄생한 권위에 비해
나약할 수밖에 없다.
힘 있는 소수의 의견이 아니라
평범한 다수의 지지가 시대 흐름을
더 투명하게 반영하기 때문이다

귀족들의 도움으로 군주의 자리에 오른 사람은 신민들의 지원으로 군주가 된 사람에 비해 그 권력을 유지하는 것이 훨씬 더 어렵습니다. 군주와 대등하다고 생각하는 사람들에게 둘러싸여 있어서, 군주가 원하는 대로 통치하거나 그들을 다룰 수 없기 때문입니다. 반면에 신민들의 지지를 받아 군주가 된 사람은 홀로서기를 할 수 있습니다. 왜냐하면 그의 주변에는 그에게 반대하는 사람이 없으며, 있다고 해도 소수에 불과하기 때문입니다.

통솔자의 품격은
무엇을 두려워하는가에 달려 있다

신민들이 적대적일 때 군주에게 닥칠 수 있는 최악의 사태는 그들로부터 버림받는 일입니다. 하지만 귀족들이 적대적일 경우에는 단순히 버림받는 것뿐만 아니라 그들이 연합하여 반역을 도모할 수 있다는 점을 명심해야 합니다. 귀족들은 선견지명이 있고 영리적(營利的)이므로 언제나 승산이 있는 인물의 호의를 얻어 자신들을 보호하려 합니다.

028

내 성공이 멀어졌을 때 함께 멀어지는
인물들을 경계하고, 내 성공의 여부와
무관하게 한결같은 인물에게 감사해야 한다

귀족들에 관한 두 가지 사항을 주시해야 합니다.
첫째는 귀족들은 군주의 운명(성공)에 자신들의 운명을
결부시켜 처신한다는 것이고, 둘째는 그와는 완전히 정반대로
움직인다는 것입니다. 그들 중에서 탐욕을 부리지 않는 자는
우대하고 존중해주어야 합니다. 하지만 군주에게 확실하게
충성을 바치지 않는 귀족들은 그들의 처신에 담긴 숨은
이유를 알아내야 합니다.

내 주장에 호소력이 실리려면
나를 지지해주는 사람들뿐만이 아니라,
그러지 않는 대상들에게도 적극적인 관심과
이해를 쏟아야 한다

신민들의 호의를 통해 군주가 된 사람은 신민들과 좋은 관계를 유지하도록 노력해야 합니다. 신민들이 그에게 요구하는 것은 오직 억압당하지 않는 것뿐이기 때문에 이는 매우 쉬운 일입니다. 신민들의 반대에도 귀족들의 호의를 통해 군주가 된 자는 다른 무엇보다도 먼저 신민들의 환심을 사려 노력해야 할 것이며, 그것은 군주가 그들을 보호함으로써 쉽게 성취할 수 있습니다. 인간이란 해를 끼칠 것으로 예상했던 사람으로부터 좋은 대접을 받게 되면 그에게 더욱 애정을 느끼게 됩니다. 그러므로 신민들은 군주가 자신들의 지지로 권력을 잡았을 때보다 더 깊은 호의를 보이게 될 것입니다.

030

현명한 지도자는 구성원이 자신을 믿어주는 만큼 자신도 구성원들에게 의지하고 신뢰할 줄 안다

스파르타의 군주 나비스는 그리스의 모든 세력과 대세였던 로마 군대의 포위 공격을 잘 막아내어 국가는 물론 자신의 권력을 지킬 수 있었습니다. 당시 위험이 닥쳐왔을 때, 그는 단지 몇몇 신하의 위협만 제거하는 것으로 간단히 극복했습니다. 그러나 대다수의 신민이 그에게 적대적이었다면, 이런 조치만으로는 위험을 극복할 수 없었을 것입니다.
…중략…
신민들을 지지기반으로 삼고 있는 군주가 통치술을 알고 용맹이 뛰어나 역경에 빠져서도 절망하지 않는 자라면, 그의 기백과 정책에 의해 신민들의 사기(士氣)를 유지할 수 있는 자라면 결코 신민들에게 배반당하지 않을 것입니다. 그리고 그런 군주는 자신이 건실한 기반을 구축했음도 알게 될 것입니다.

상황에 따라서 쉽게 변하지 않는
꾸준한 신뢰관계를 형성해야 한다

대체로 곤란한 처지가 되면 군주는 자신이 언제든 의지할 수 있는 사람들이 부족하게 됩니다. 평화로운 시기에 군주에게 안정적인 통치를 기대했던 신민들을 의지할 수 없습니다. 왜냐하면 평화로운 시기에는 죽임을 당할 가능성이 없으므로 모든 사람이 몰려와 충성을 약속하고 군주를 위해 목숨을 바치겠다는 맹세를 하기 때문입니다. 막상 정부가 곤경에 처해 신민들의 지원이 필요할 때는 이를 위해 기꺼이 봉사하는 자들을 거의 찾아볼 수 없습니다. 무엇보다도 그들의 충성도를 시험하는 일은 혼란한 상황 속에선 처음이자 마지막이기 때문에 매우 위험합니다.
따라서 현명한 군주라면 언제든지, 어떤 상황에 처하든지 신민들이 정부와 자기를 믿고 따르도록 평상시에도 조치를 마련해야 합니다. 그래야 신민들은 항상 군주에게 충성할 것입니다.

PART 2

군주 그리고 국력

기본이 되는 일은 스스로 해결할 수 있는 능력을 갖춰야 한다

다양한 군주국의 성격을 분석할 때 중요시해야 할 점이 하나 있습니다. 바로 군주가 힘을 얻고자 할 때, 스스로를 방어할 만큼 충분한 영토와 권력이 있는지 아니면 항상 외부의 다른 세력으로부터 원조를 받아야 하는지에 대한 문제입니다.

어려움을 극복하기 위해서는
내부적인 결속과 외부에 대한 경계가
동시에 이루어져야 한다

만약 신민들이 성 밖에 있는 자신들의 재산이 파괴되는 것을 보게 되면 인내심을 잃어버리고, 포위가 장기간 지속되면 이기심으로 인해 군주에 대한 충성심이 약해질 것이라고 반박할 수도 있습니다. 그러나 저는 강인하고 기백을 갖춘 군주라면 신민들로 하여금 고난이 오래 지속되지 않을 것이라고 설득하면서, 다른 한편으로는 적의 잔혹함에 대한 경각심을 일깨우며 호들갑 떠는 자들을 교묘하게 처리하여 어려움을 극복할 수 있다고 반박할 것입니다. 적군은 도착하자마자 성 밖의 지역들을 파괴하고 약탈할 것이지만, 신민들의 사기도 충천해 있을 것이며 버티겠다는 결의도 확고할 것입니다.

타인에게 의존하여 자신의 권력을 보호하는 방법은 훌륭한 지도자의 해결책이 아니다

오래된 국가이든 신생국이든 복합 국가이든, 모든 국가의 주요한 토대는 훌륭한 법률과 군대입니다. 훌륭한 군대가 없다면 훌륭한 법률을 가지기란 불가능하고, 훌륭한 군대가 있는 곳에는 훌륭한 법률이 있기 때문에 저는 제일 먼저 군대 문제를 논의하겠습니다. … 중략 … 자신의 영토를 지키기 위해 용병에 의존하는 사람은 안정된 통치를 결코 이룰 수 없습니다. 왜냐하면 그런 군대는 좀처럼 통합되어 있지 않고 언제나 배반할 야심을 품고 있으며, 기강이 문란하고 신의가 없기 때문입니다. 그들은 아군과 함께 있을 때는 용감하지만 적과 마주치면 비겁해집니다. 신을 두려워하지 않으며 사람들과 한 약속도 잘 지키지 않습니다.

군주는 스스로 군대를 통솔해야 하고
공화국은 신민 출신의 장군을 지지해야 한다

저는 용병 군대에 있는 결함에 대해 보다 효과적으로 설명하려고 합니다. 용병 대장들은 매우 유능한 군인일 수도, 전혀 그렇지 못한 인물일 수도 있습니다. 만약 용병 대장이 유능한 인물이라면 군주는 그를 믿어서는 안 됩니다. 용병 대장은 언제나 자신들의 고용주인 군주를 공격하거나 군주의 의사에 반해 타인을 공격하여 높은 지위에 오르기를 열망하기 때문입니다. 반면에 용병 대장이 평범한 인물이라면 군주는 당연히 몰락하게 될 것입니다.

누구든 군대를 장악하고 있는 자라면 용병은 다른 식으로 행동할 것이라고 반론을 제기합니다. 하지만 저는 무력이란 군주나 공화국에 의해 통제되어야만 한다는 점을 들어 반박할 것입니다. 전자의 경우, 군주는 자기 자신이 직접 최고 통수권자로서 직접 용병으로 구성된 군대를 지휘해야만

합니다. 후자의 경우, 공화국은 자신들의 신민 중에서 유능한 지휘관을 선정하여 파견해야 합니다. 만약 파견된 자가 유능하지 못한 것으로 판명되면 교체해야 하며, 유능하다면 자신의 권한을 넘어서는 일을 못 하도록 법적인 통제 수단을 확보해야 합니다.

중대한 사안에 도움을 청했을 때에는
그에 따른 대가가 있음을 기억해야 한다

원군이란 당신이 외부의 강력한 통치자에게 도움을 청했을 때 그들이 도움을 주고자 파견한 군대입니다. 이 또한 용병처럼 쓸모없는 군대라고 말할 수 있습니다. 최근에 교황 율리우스는 자신의 용병부대가 페라라 전투에서 별다른 성과를 거두지 못하자 스페인의 왕 페르난도로 하여금 자신을 도울 군대를 파견하도록 요청했고 전쟁에 원군을 사용했습니다. 이러한 원군은 그 자체로는 유용하게 쓸모가 있을지 모릅니다. 하지만 원군은 요청하는 자에게 항상 해를 끼칩니다. 원군이 패배하게 되면 군주는 몰락하게 되고, 그들이 승리하게 되면 그들의 볼모가 되기 때문입니다.

내실을 기르지 못하면
계속해서 휘둘리게 된다

원군은 이미 결속된 세력이며 요청한 군주가 아닌 다른 군주의 명령에만 복종합니다. 그렇지만 용병은 승리를 거둔 후에도 바로 자신들을 고용한 군주를 해치지 않습니다. 또 용병은 군주에 의해 보수를 받기 때문에 결속된 모습을 보이지 않습니다. 군주가 외부 인물을 그들의 지도자로 임명했다면 군주에게 해를 입힐 정도의 권위를 단시간 내에 구축할 수도 없습니다. 정리하자면, 용병은 그들의 비겁함이라는 문제와 전투를 기피하는 태도에 위험성이 있고, 원군은 그들의 능숙함과 용기 때문에 문제가 될 소지가 큽니다.

올바른 도구를 판단할 줄 아는 것이
지도자의 강인함으로 이어진다

다윗이 팔레스타인의 용사 골리앗과 싸우겠다고 했을 때 사울은 용기를 주기 위해 다윗에게 자신의 무기와 갑옷을 내주었습니다. 그러나 다윗은 그것을 한번 써보았으나 낯선 탓에 제대로 사용할 수 없었기에 자신의 투석기와 단검으로 상대하겠다면서 사양했습니다. 간단히 말하자면, 남이 쓰던 무기와 갑옷은 자신에게 잘 맞지 않거나 부담이 되어 움직임을 제약할 뿐입니다.

독립적으로 행동할 능력을 갖춰야만
외부의 도움을 얻을 때도 위축되지 않는다

루이 11세의 부친인 샤를 7세는 자신의 행운과 용맹을 이용하여 프랑스를 영국으로부터 해방시킨 후, 자신의 군대를 육성할 필요가 있다는 것을 깨닫게 되었습니다. 그래서 그는 기병과 보병을 징병하는 법령을 확립했습니다. 그러나 훗날 그의 아들 루이 왕은 보병을 폐지하고 스위스군을 고용했습니다.
… 중략 …
스위스군의 입지를 강화한 결과, 그는 나머지 군대의 사기를 떨어뜨렸습니다. 왜냐하면 그는 기존의 보병을 해체하고 그의 기병을 외국군에 의존했기 때문입니다. 결국 스위스 보병과 연합하여 싸우는 데 익숙해진 기병들은 그들 없이는 정복도 할 수 없다고 생각하는 지경에 이르렀습니다. 그래서 프랑스군은 스위스군보다 열등한 위치에 놓이게 되었고, 스위스군 없이는 적 앞에 허약한 모습으로 나타나게 되었습니다.

040

시간이 걸리더라도 자기 내부의 강점을 적절히 유지하고 성장시키는 것이 국력을 기르는 가장 올바른 길이다

결론적으로 자기 군대가 없으면 어떤 군주국이든 절대 안전할 수 없습니다. 오히려 위기가 닥쳤을 때 자신을 방어할 힘이 없으면 오직 행운에만 의존해야 합니다. '자신의 힘에 기반을 두지 않는 권력의 명성만큼 취약하고 불안정한 것은 없다.'라는 것이 현명한 사람들의 판단이며 믿음입니다. 여기서 자기 군대란 자신이 통치하는 국가의 신민 혹은 부하로 구성된 군대를 말하는 것이며, 그 외의 모든 경우는 용병이거나 원군입니다.

존경받는 지도자는 자신에게 주어진 본래 역할을 충실히 이행한다

군주는 다른 어떤 나쁜 요인들보다 무력을 제대로 갖추지 못했을 때 모든 이로부터 경멸당합니다. 이러한 상황은 군주 스스로 경계해야 하는 수치스러운 일 중 하나입니다. 무력을 갖춘 자와 그렇지 못한 자 사이에는 엄청난 차이가 존재합니다. 무력을 갖추고 있는 자가 그렇지 못한 자에게 복종하거나, 무력을 갖지 못한 자가 무력을 갖춘 자들 사이에서 안전하기를 기대할 수는 없습니다. 무력이 없는 자는 줄곧 의심을 품고 상대를 두려워할 것이며, 무력을 갖춘 자는 줄곧 그를 경멸할 것이기 때문입니다. 결국 그들은 함께 어떤 일도 무사히 해결해 나갈 수가 없습니다.

자신의 역할에 정통하여 계속하여 단련하고 노력하는 통솔자만이 굳건한 영토를 다스린다

군주는 평소에 자주 사냥을 떠나 신체를 단련하고 동시에 근방의 지형을 익혀야 합니다. 즉, 강과 늪의 특징은 물론이고 산은 어떻게 솟아 있고 계곡은 어떻게 흐르며 평원은 어떻게 펼쳐져 있는가를 알고 있어야만 합니다. 이러한 실질적인 지식은 두 가지 면에서 매우 유용합니다. 첫째, 자신이 다스리고 있는 국가에 대해 잘 알게 되므로 어떻게 방어해야 할 것인지를 더욱 확연히 알 수 있습니다. 둘째, 지형에 대한 지식과 경험을 바탕으로 군주는 처음으로 마주치게 되는 지역의 지형에 대해서도 쉽게 파악할 수 있게 됩니다.

043

리더의 자질은
끊임없는 자기탐구를 바탕으로 그 생각을
주변으로 뻗어가는 것이다

실질적인 지식이 없는 군주는 장군이 갖추어야 할 자질을 갖추지 못한 자입니다. 왜냐하면 군주는 그러한 지식을 전쟁에 유리한 방법으로 사용하여 승리를 거머쥘 수 있게 만들기 때문입니다. 군주는 적을 추적하고, 적절한 주둔지를 물색하고, 군대를 이끌고 나아가 진격시키고, 전투를 준비하며, 요새나 요새화된 도시를 포위하는 능력을 갖추어야 합니다. 역사가들이 아카이아의 군주였던 필로포이멘에게 찬사를 보냈던 이유가 있습니다. 바로 그는 평화로운 시기에도 언제나 전쟁 수행 방법에 대해 생각했기 때문입니다. 그는 측근들과 야외에 나갈 때도 종종 발걸음을 멈추고 다음과 같은 질문을 던지곤 했습니다.
"적군이 저 언덕 위에 있고 우리 군대는 이곳에 있다면 누가

더 유리한가? 우리가 대형을 흐트러뜨리지 않으면서 공격할 수 있을까? 만약 우리 군이 퇴각하려면 어떻게 해야 하는가? 만약 적군이 퇴각한다면 어떻게 추격해야 하는가?"

044

미래를 예견하기 위해서는
우선 과거를 읽어야 한다

군주는 역사서를 읽어야 합니다. 그리고 그중에서도 위대한 인물들의 행적을 연구하기 위해서 노력해야 합니다. 그들이 전쟁을 어떻게 지도했는지를 책으로 터득하고, 실패를 피하면서 성공을 이루기 위해 그들의 승리와 실패의 원인을 검토해야 합니다. 무엇보다도 우선 위대한 인물들을 모방해야 합니다. 과거의 위대한 인물들도 뛰어난 능력으로 찬양받을 만한 그들의 선임자들을 모방하려고 했습니다. 알렉산더 대왕은 아킬레우스를 모방했으며, 카이사르는 알렉산더 대왕을 모방했고, 스키피오는 키루스를 모방했습니다.

운명보다 강력한 것은 한결같이 지속하는 성실함이다

현명한 군주는 언제나 이와 같이 행동하며 평화로운 시기라 해도 게으름을 피우지 않고 배움을 지속하여 자신의 능력을 발전시켜 역경에 처했을 때를 대비합니다. 그러면 운명이 변하게 될지라도 그는 다가오는 운명을 견딜 수 있게 될 것입니다.

PART 3
군주의 성품

046

**모든 이를 만족시킬 수는 없으니,
장점과 단점에 대해 겸허히 수용할 줄 아는
마음가짐을 지녀야 한다.**

군주가 앞에서 언급한 것 중에서 좋다고 여겨지는 성품을 모두 갖추고 있다면 그야말로 가장 바람직한 일이고 모든 사람이 군주를 기꺼이 인정할 것입니다. 그러나 인간이 이러한 성품을 모두 갖춘다는 것은 가능하지도 않고, 상황이라는 것은 또 언제나 변할 수 있습니다. 그래서 신중한 사람이라면 자신의 권력 기반을 파괴할 법한 악덕으로 악명을 떨치는 것을 피하고, 정치적으로 위험을 초래하지 않는 악덕들까지도 가급적이면 피하도록 노력해야 합니다. 만약 그렇게 할 수 없다 하더라도 악덕에 대해 과도하게 걱정할 필요는 없습니다. 더 나아가 그러한 부도덕한 인식 없이 자신의 지위를 유지할 수가 없다면 그로 인해 발생하는 나쁜 평판에 대해서는 개의치 말아야 합니다.

047

**세상의 이치가 자기가 마음먹은 대로만
흘러가지 않는다는 사실을
인정할 줄 알아야 한다**

왜냐하면 모든 것을 신중히 따져볼 때, 얼핏 미덕으로 보이는 어떤 일을 했는데도 파멸이 도래하는가 하면, 악덕으로 보이는 일을 했음에도 결과적으로 자신의 입장을 강화하고 번영을 가져오는 경우가 있기 때문입니다.

048

너그러운 마음가짐도 때에 따라
알맞게 드러나야 하며, 그렇지 않을 경우
그 관대함이 도리어 나에게 해가 될 수도 있다

군주가 가져야 할 성품 중에서 첫 번째로 언급할 만한 것은 관대함입니다. 저는 군주가 관대한 것이 바람직하다고 여기지만, 관대한 행동을 통해 좋은 평판이 생기지 않는다면 그것은 오히려 군주에게 해롭다고 주장하겠습니다. 만약 덕을 문자 그대로만 실천한다면 그것은 알려지지 않을 수 있고, 도리어 악덕(인색함)을 실천한다는 비난을 받을 수도 있기 때문입니다.

049

자신의 인품을 과시하기 위한 수단으로써 관대함을 이용하면 결국 그 부담이 모두에게로 돌아가 사회를 혼란스럽게 만든다

관대하다는 평판을 얻고자 한다면 사치스럽고 과시적으로 돈을 써야 합니다. 그러나 그러다 보면 불가피하게 자신이 지닌 모든 자원을 자기과시를 위해 다 소모해버릴 수 있습니다. 계속해서 관대하다는 명성을 유지하고 싶어 하는 군주는 결국에는 과도한 세금과 자금 축적을 위한 모든 수단을 다 동원하여 신민들에게 부담을 주게 될 것입니다. 그럼으로써 군주는 신민들에게 미움을 받게 됩니다. 결국 군주가 가난해지면 누구도 그를 거들떠보지도 않게 될 것입니다.

050

**외로운 리더가 되지 않기 위해서는
장기적인 관점과 구성원 전체의 마음을
두루 이해할 수 있도록 노력해야 한다**

자신의 관대함으로 인해 피해를 입는 사람은 많고, 이익을 얻는 사람은 거의 없기 때문에 군주는 사소한 곤경에 처해도 흔들리고 작은 위험만으로도 위기를 겪을 것입니다. 또한 이 점을 깨달은 군주가 처신을 바꾸어버린다면, 즉시 인색하다는 비난을 받게 될 것입니다.

051

올바른 자신의 철학을 꾸준히 관철하다 보면 존경심은 자연히 나를 향하게 되어 있다

군주는 해를 입지 않으면서 관대함이라는 미덕을 정직하게 실천하는 것은 불가능합니다. 그가 사려 깊은 사람이라면 인색하다는 평판을 얻어도 크게 마음 쓰지 않고 절약하는 생활을 할 것입니다. 시간이 흘러 사람들은 그에게서 점점 더 관대하다는 인상을 받을 것입니다. 왜냐하면 군주가 그동안 근검절약한 덕분에 그의 수입만으로도 생활하기에 충분하고, 도전해 오는 무리로부터 자신을 보호할 수 있을 뿐만 아니라 신민들에게 과도한 부담을 안기지 않기 때문입니다. 그래서 신민들은 군주로부터 착취당하지 않고 자신의 과업을 수행하여 재산을 보존할 수 있다는 사실을 깨닫게 됩니다.

052

**뛰어난 리더는 자신의 풍족함이 아니라,
구성원 전체의 행복을 더 고려하는 법이다**

현명한 군주는 신민들의 재산을 빼앗지 않기 위해, 자신을 지키기 위해, 가난하여 멸시당하지 않기 위해, 탐욕적으로 변하지 않기 위해 인색하다는 평판을 듣는 것을 대수롭지 않게 생각합니다. 인색함이야말로 그로 하여금 통치를 할 수 있게 하는 악덕 중의 한 가지이기 때문입니다.

053

**덕을 유지하기 위해서는
공동의 자산을 보호할 줄 알아야 하고,
나누어야 할 재물이 무엇인지 구별할 줄 아는
단호함이 필요하다**

저는 군주가 신민들의 재산을 쓰는 경우와 타인의 재산을
쓰는 경우와는 서로 다르다고 대답할 것입니다. 자신과
신민들의 재산을 쓰는 경우라면 인색해야 하며, 타인의 재산을
쓰는 경우라면 자신의 관대함을 드러내는 데에 주저함이
없어야 합니다. 군주는 전리품, 약탈품, 포로의 배상금 등
타인의 재물을 통해 자신의 군대를 이끌어가고 유지해야
하므로 넉넉한 씀씀이가 필요합니다. 그렇지 않으면 병사들이
따르지 않을 것이기 때문입니다. 군주는 키루스, 카이사르
그리고 알렉산더가 그랬던 것처럼 자신이나 신민들의 것이
아닌 재물로는 마음껏 베풀어도 됩니다. 타인에게서 얻어낸 걸
후하게 주는 것은 결코 군주의 평판을 떨어뜨리지 않고

오히려 드높이기 때문입니다. 자신과 신민의 재산을 함부로 주는 경우만이 군주에게 해악을 끼칩니다.

054

**모든 것에는 적절한 정도가 있기 때문에
그것을 넘어서게 된다면 좋은 의미도 좋지
않은 결과로 돌아올 수 있음을 명심해야 한다**

관대함만큼 자기 소모적인 것은 없습니다. 관대함을 실천하고 그것을 지속하게 되면 결국에는 실행할 능력을 잃게 됩니다. 군주는 점점 더 가난해지거나 경멸당할 것입니다. 혹은 가난을 피하기 위해 탐욕적이 되어 미움을 받게 될 것입니다. 군주는 다른 그 무엇보다 경멸이나 미움을 받게 되는 것을 경계해야 하는데, 관대함은 군주를 이 두 가지 길로 이끌어갈 것입니다. 절약을 하면 비난은 받겠지만 미움이 섞이지 않은 인색하다는 평판을 얻을 테니 그편이 더욱 현명한 방책입니다. 관대하다고 생각되기 위해 비난은 물론 미움까지 받으며 탐욕스럽다는 평판을 얻게 되는 것보다는 그편이 더 낫습니다.

단순히 보여주기식 친절이 아니라, 단호하더라도 진정 도움이 될 수 있는 정치를 해야 한다

저의 판단으로 볼 때, 모든 군주는 잔인하다고 여겨지기보다는 인자하다고 여겨지기를 바라야 합니다. 그리고 인자함이 잘못 사용되지 않도록 주의해야 합니다. 체사레 보르자는 잔인하다는 평을 들었지만, 그의 혹독함에 의해 로마냐의 질서는 회복되고 통일됐으며, 평화롭게 바뀌었습니다. 가혹하다는 평판을 피하기 위해 피스토이아의 붕괴를 방치해둔 피렌체인들보다 그가 훨씬 더 자비로웠습니다. 군주는 자신의 신민들을 통일시키고 그들이 충성을 바치도록 하는 과정에서 잔혹하다는 비난을 받더라도 마음이 흔들려서는 안 됩니다. 만약 도에 넘친 인자함을 보이게 되면 끝없는 혼란 상태가 지속될 가능성이 높습니다.

056

호의는 혼란을 야기하는 것이 아니라, 질서를 지키기 위해서 주어져야만 한다

도에 넘친 인자함은 모든 사람에게 해를 끼치지만, 군주의 명령에 의한 처형은 특정 개인에게만 해를 끼칠 뿐입니다. 신생국의 군주는 잔인하다는 평판을 듣는 것이 불가피합니다. 신생국에는 사방에 군주에게 위협을 가하는 위기가 도사리고 있기 때문입니다. 베르길리우스는 디도의 입을 빌어 자신의 통치가 가혹했던 것에 대해 다음과 같이 변명했습니다. "나의 뜻, 나의 운명과는 어긋나게도 왕관은 불안하고 창업은 일천(日淺)하구나. 내 나라의 어렵고 낯선 환경은 나로 하여금 그런 일을 하게 하네. 내 영토의 곳곳을 살필지니라."

사랑받는 것보다 두려움의 대상이 되는 것이 더 안전하다

잔인하다는 평을 받는 동시에 군주는 믿음을 갖고 실천하는 것에 주의를 기울여야 합니다. 그리고 자신을 두려운 존재로 만들어서도 안 됩니다. 군주는 신중함과 자비가 적절히 배분된 태도로 처신해야 합니다. 그렇게 하면서 지나친 확신으로 경솔해지거나 지나친 의심으로 자신을 감당할 수 없도록 만들어서도 안 됩니다. 그런데 바로 여기에서 한 가지 의문이 제기됩니다. 바로 '사랑받는 것과 두려움의 대상이 되는 것 중 어느 것이 더 좋은가?'입니다. 군주는 사랑도 받고 두려움의 대상도 되는 것이 바람직하다고 생각합니다. 하지만 두 가지를 조화시키는 것은 어려운 일입니다.

058

추상적인 관념이 아니라, 구체적 질서로 이루어진 관계가 더욱 건강한 신뢰를 형성한다

진심을 통해 얻어낸 우정이 아닌 이상 돈으로 얻게 된 우정은 가졌다고 뽐낼 만한 것이 못되며, 막상 그 우정이 필요할 때는 그것을 얻을 수 없습니다. 인간은 사랑하는 자를 해칠 때보다 두려워하는 자를 해칠 때 더 주저합니다. 왜냐하면 인간은 지나치게 이해타산적이어서 자신들의 이익을 위해서라면 언제라도 사랑이라는 의무감을 내려놓고 자기를 사랑한 자를 버리기 때문입니다. 그러나 두려움은 처벌에 대한 공포로 유지되므로 언제든지 효과가 있습니다.

사랑받지도 미움받지도 않는 자유분방함이 성숙한 리더의 자세를 만들어낸다

군주는 자신이 사랑받지 못한다 해도 미움받지 않으면서 자기를 두려워하도록 만들어야 합니다. 미움받지 않고 두려움의 대상이 되는 것은 의외로 간단합니다. 군주가 신민과 신하들의 재산과 부녀자들에게 손을 대지 않는다면 항상 두려운 상태를 유지할 수 있습니다. 누군가를 처형해야 한다면 적절한 명분과 명백한 이유가 있을 때만 집행해야 합니다.

정당한 명분과 합리성은 중요하다.
명성과 덕망의 축적은 반드시 도덕적인 적법성에 따라 이루어져야 한다

무엇보다 타인의 재산에 손을 대서는 안 됩니다. 인간은 부모를 죽인 원수는 쉽게 잊어도 물려받은 유산을 빼앗아간 사람은 좀처럼 잊지 못합니다. 게다가 남의 재산을 빼앗을 명분은 계속해서 만들어낼 수 있습니다. 그러므로 약탈을 일삼는 사람은 언제라도 타인의 재산을 빼앗기 위한 핑계를 찾아낼 수 있습니다. 반면에 목숨을 빼앗아야 할 이유는 훨씬 더 드물고 덧없는 것입니다.

061

**리더는 결코 혼자 존재할 수 없기에 반드시
따르는 사람들로 하여금 자신의 존재를
인정할 수 있도록 만들어야 한다**

군주는 자신의 군대를 통솔하고 많은 병력을 지휘하고 있을 때, 잔혹하다는 세간의 평가를 신경 쓸 필요가 없습니다. 왜냐하면 잔혹하다는 평판을 듣지 않고는 군대를 통합할 수 없으며 전투에 대한 준비도 시킬 수 없기 때문입니다. 한니발의 뛰어난 공적 중 특히 주목할 만한 사실은 그가 비록 여러 나라에서 선발된 군인을 거느리고 외국 땅에서 전투를 치렀지만 전황이 유리할 때나 불리할 때나 상관없이 군 내부에서는 물론 장군들 사이에서도 사소한 분란조차 일어나지 않았다는 점입니다. 그런 사실은 그의 다양하고 훌륭한 능력과 더불어 그의 부하들로 하여금 항상 존경하고 두려워하도록 만든 비인간적인 잔혹함에 의해서만 설명될 수 있습니다.

사랑받을 만한 자격이 있는 리더는 반대로 두려운 존재로서의 면모도 가지고 있을 때 계속해서 존중받는다

사랑받는 것과 두려움의 대상이 되는 것의 문제로 되돌아가면, 저는 인간이란 자신의 선택 여하에 따라 사랑하지만, 군주의 선택 여하에 따라 두려움을 품게 된다고 생각합니다. 그래서 현명한 군주라면 타인의 선택보다는 자신의 선택에 더 의존해야 합니다. 다만 앞에서 언급했던 것처럼 미움받는 일만큼은 피하도록 해야 합니다.

가장 정직한 결정이 아니라, 모두에게 가장 합리적이고 최선인 결정을 할 수 있는 자여야 위대한 지도자가 된다

군주가 남을 속이지 않고 정직하게 자신이 했던 약속을 지키며 행동하는 것이야말로 찬양받을 일입니다. 그런데도 우리 시대에 위대한 업적을 이룬 군주들은 약속을 그다지 중요하게 여기지 않았습니다. 또한 기만을 통해 사람들의 혼을 빼놓는 데 능숙한 인물이었습니다. 그들은 결국 신의를 지키는 자들과의 싸움에서 항상 승리를 거두었습니다.

싸움에서 이기기 위해서는 나의 강점에만 의존하는 것이 아니라, 상대의 미숙함을 이용하는 방법도 익히 알고 있어야 한다

싸움에는 두 가지 방법이 있다는 점을 알아야 할 필요가 있습니다. 한 가지는 법률에 의거한 것이며, 다른 한 가지는 힘에 의거한 것입니다. 첫 번째 방법은 인간에게 합당한 것이고, 두 번째 방법은 짐승에게 합당한 것입니다. 그러나 첫 번째 방법만으로는 다양한 상황을 이겨내기에 충분하지 않기 때문에 두 번째 방법에 의존할 줄도 알아야 합니다. 따라서 군주는 짐승을 모방하는 방법도 알고 있어야 합니다.

사회의 복잡한 구조를 이해하기 위해서는 상황에 따라 효과적으로 대처할 줄 알아야 한다

군주는 짐승처럼 행동하는 법을 알아야 하며 짐승들 중에서도 여우와 사자, 두 동물의 성품을 각각 모방해야 합니다. 왜냐하면 사자는 지략에 의해 함정에 빠지기 쉽고, 여우는 힘으로 늑대를 물리칠 수 없기 때문입니다. 따라서 함정을 알아차리기 위해서는 여우가 될 필요가 있고, 늑대를 혼내주려면 사자가 될 필요가 있습니다. 단순히 사자의 힘에만 의지하는 군주는 모든 일의 본질을 제대로 이해하지 못합니다.

066

의사결정은 한번 정해졌다고 완전히 고정적인 것이 아니며, 군주는 그 변화에 따라 주변을 잘 설득할 수 있는 능력이 필요하다

현명한 통치자는 약속을 지키는 것이 자신에게 불리해지거나 약속을 만들었던 이유가 사라졌을 때, 그 약속을 유지하거나 지키면 안 됩니다. 만약 모든 인간이 선하다면 지금 말하는 교훈은 온당하지 않을 것입니다. 그러나 인간이란 신의가 없고 군주에게 했던 약속을 지키려고 하지 않기 때문에 군주 역시 그들과 했던 약속을 지킬 필요가 없습니다. 또한 군주는 약속을 지키지 못하는 것에 대한 그럴듯한 이유를 언제나 만들어낼 수 있습니다. 최근에 수많은 협정과 평화 조약이 신의 없는 군주들로 인해 파기되고 무효화되었습니다. 그런데 그중 여우의 기질을 잘 활용한 군주들이 가장 확실한 성공을 거두었습니다.

067

리더는 구성원의 연결고리가 될 수 있도록 자기 마음이 아니라, 모두의 마음이 투영될 수 있는 존재가 되어야 한다

군주는 앞에서 언급한 모든 성품을 실제로 갖출 필요는 없습니다. 하지만 모두 갖춘 것처럼 보이는 것은 꼭 필요합니다. 저는 군주가 모든 성품을 갖추고 늘 가꾸는 것은 해롭다고 생각합니다. 그러나 갖추고 있는 것처럼 보이는 것은 매우 이롭다고 감히 생각합니다. 대체로 관대하고 신의가 있으며 인간적이고 정직하며 신앙심이 있는 것처럼 보이는 것이 좋으며 또한 실제로 그런 것도 좋습니다. 그러나 그러한 성품을 보이지 말아야 할 필요가 있을 때는 정반대의 행동을 취할 수 있는 태세가 되어 있어야 합니다. 그리고 실제로도 그렇게 할 수 있어야 합니다.

좋은 지도자는 구성원의 기대를 파악하고 그 생각을 효과적으로 시사할 수 있는 용기가 필요하다

군주는 운명의 방향과 자신에게 닥쳐오는 상황의 변화에 맞추어 자신의 행동을 그것에 맞추어 자유자재로 바꿀 수 있는 태세를 갖춰야 합니다. 제가 앞에서 언급했듯이 가능하다면 올바른 행동으로부터 벗어나지 말아야 하겠지만 필요하다면 비행도 저지를 수 있어야 합니다.

069

일방적 통제가 아니라 지혜의 교집합을
이끌어낼 수 있는 통솔력이 성찰하는
리더를 만든다

현명한 군주는 자신의 입을 통해 나오는 모든 말의 의미가 앞서 언급한 다섯 가지 성품으로 가득 차 있도록 유의해야 합니다. 군주를 바라보고 이야기를 듣는 사람들에게 그는 지극히 자비롭고 신의가 있으며 정직하고 인간적이며 신앙심이 깊은 것처럼 보여야 합니다. 또한 이러한 성품 중에서도 특히, 신앙심이 깊은 것처럼 보이는 것이 가장 필요합니다.

070

수직 구조가 아니라 다원적 소통이 가능한 조직 구조를 형성할 수 있을 때, 집단은 눈앞의 이득보다 더 중요한 것을 발견할 수 있다

대부분의 사람은 손으로 만져보고 판단하기보다는 눈으로 보고 판단하려고 합니다. 대다수는 군주를 보이는 대로 볼 수 있을 뿐이며, 소수만이 군주의 진면목을 직접 경험할 수 있습니다. 그러한 소수의 사람은 군주의 위엄에 의해서 유지되는 대다수의 견해에 감히 반대하지 못합니다. 사람들은 공정한 중개인이 없을 경우, 인간의 모든 행동, 특히 군주의 행동에 대해서는 결과만 주목합니다.

작은 것에 집착하고 우유부단한 리더는
존경받지 못한다

군주는 미움받거나 경멸당할 만한 일은 그 어떤 것도 삼가야
합니다. 이것들을 피했다면 군주는 자신의 의무를 다한
것이며 이에 대해 비난받거나 위험해지지 않을 것입니다.
이미 언급했듯이 다른 무엇보다도 군주가 미움받게 되는 일은
욕심을 놓지 못해 신민들의 재산과 부녀자를 강탈하는
일입니다. 대부분의 신민은 재산과 명예를 빼앗기지 않으면
만족해하며 삽니다. 그러므로 군주는 야심 있는 소수만
잘 다루면 되고, 그러한 사람들은 다양한 방법으로 쉽게
제압할 수 있습니다. 대체로 군주가 경멸받게 되는 이유는
그가 변덕스럽고 경박하며 여성적이면서 소심하고
우유부단하다고 여겨지기 때문입니다.

스스로 자부심을 가질 수 있는 존재로
거듭나야 한다

군주는 마치 암초를 피하듯 자신을 경멸하게 하는 것들을 경계해야 합니다. 군주는 자신의 행동으로 당당함과 용맹함과 진지함과 강건함을 과시하도록 하며 신민들의 사사로운 분쟁에 대해 자신이 내린 결정을 뒤집는 일이 없도록 해야만 합니다. 또한 이러한 평판을 스스로 유지하여 누구도 군주를 속이거나 술책을 꾸밀 생각도 품지 못하도록 해야 합니다.

073

내부의 문제는 꼭
외부의 탓으로 일어나는 것은 아니며,
통치자는 늘 구성원의 마음이 향하는 바를
헤아리도록 애써야 한다

만약 외부의 위협이 없다면 군주의 유일한 두려움은
신민들이 비밀스럽게 음모를 꾸며 자신을 배반하는 일입니다.
군주는 신민들로부터 미움과 경멸을 받지 않도록 하는 동시에
지위를 확고히 해야 합니다. 그리고 앞에서 언급했던 것처럼
군주의 통치에 신민들이 만족하게 해야 합니다.

074

시민을 두려워할 줄 아는 리더는
시민으로부터 사랑받는 방법도 안다

군주는 신민들이 호감을 품고 있다면 음모에 대해 걱정할 필요가 없습니다. 하지만 신민들이 적대감을 품고 미워하는 대상이 되면 안 되기 때문에 군주가 매사에 모든 사람을 두려워하는 것은 당연한 일이라고 말하고자 합니다.

PART 4

군주의 행동

075

**두 집단이 하나로 합쳐질 때,
무엇을 우선시하는가에 따라
명망이 달라질 수 있다**

군주가 기존의 국가에 새로운 국가를 자기의 일원으로 합병시켰다면, 그는 합병에 도움을 준 자들 외에는 모두 무장을 해제시켜야 합니다. 그리고 병합을 도운 자들도 기회를 보아 적절한 시기에 그 세력을 약화시켜 힘을 쓰지 못하도록 해야 합니다. 군주가 지배하는 전체 국가의 군사력은 원래 지배하고 있던 기존 국가의 군대에 집중시켜야 합니다.

서로를 신뢰하지 못하는 집단은 쉽게 무너질 수밖에 없다

법학자 피스토이아는 어떤 도시는 파벌로 나누어 다스리고, 피사는 성곽을 지어 다스려야 한다고 말했습니다. 이러한 생각에 따라 그들은 어떤 속국에서는 분쟁을 조장하여 더 쉽게 통치할 수 있었습니다. 이 정책은 이탈리아가 어느 정도 평화의 균형을 이루고 있던 시대에는 효과적이었습니다. 하지만 오늘날에는 어떤 법칙이 될 필요성이 없다고 생각합니다. 분열 정책은 누구에게도 도움이 되지 않기 때문입니다. 오히려 파벌로 나뉜 도시들은 적군이 침략해 오면 쉽게 무너져버립니다.

077

**건강한 집단은
파벌에 의한 이해관계가 아니라
올바른 보상, 처벌, 합법성이
누구에게나 고르게 적용되는 사회이다**

강력한 군주국이라면 이러한 분열 정책을 결코 용납하지 않습니다. 분열을 조장하는 통치 방식은 군주의 나약함을 의미하는 것일 뿐입니다. 왜냐하면 분열 정책은 평화로운 시기에는 신하들을 보다 더 쉽게 통제할 수 있게 해주지만, 전쟁이 일어나면 통제하기 어려운 복잡한 상황을 만들어주기 때문입니다. 자신 앞에 닥친 시련과 장애물을 극복할 때 군주가 위대해진다는 것은 명백한 진실입니다.

요새는 내부를 강화시키는 동시에
고립되게 하는 역할을 하기도 한다

군주들은 자신의 권력을 한층 더 강화시킬 목적으로 요새를 구축해 왔습니다. 요새는 음모를 꾸미는 자들에게 방어벽으로 사용될 수 있으며 갑작스러운 공격을 받을 때는 안전한 피신처를 제공합니다. 이러한 관행은 아주 오래전부터 이루어져 왔고, 군주에게는 아주 좋은 수단입니다. 하지만 우리 시대의 니콜로 비텔리는 자신의 통치를 유지하기 위해 치타 디 카스텔로에 있는 두 개의 요새를 허물어버렸습니다.

시민들의 동의로 이루어진 전쟁은 반드시 승리해야 한다

군주에게 높은 명성을 가져다주는 최고의 방법은 전쟁을 수행하고 비범한 업적을 세우는 것입니다. 가장 좋은 사례로 스페인의 왕인 아라곤 가의 페르디난도의 업적이 있습니다. 그는 약소국의 군주에서 출발하여 그리스도교 세계에서 가장 유명한 왕이 되었으므로 거의 신생 군주라고 불러도 무방할 것입니다. 그의 발자취를 살펴보면, 모든 업적이 매우 주목할 만하고, 몇몇 업적은 상상할 수 없을 정도입니다. 그는 통치 초기에 그라나다를 공격했으며, 그 전쟁을 통해 국가의 탄탄한 토대를 만들었습니다.

마땅한 의지가 있다면
중립을 지키는 것이 아니라,
자신의 의견을 밝혀야 한다

군주는 그가 진정한 동맹인지 아니면, 철두철미한 적인지를 상대에게 확실히 밝히는 것이 좋습니다. 이러한 정책은 중립을 지키는 것보다 항상 더 나은 결과를 가져옵니다. 만약 인접해 있는 두 강대국이 전쟁을 하게 됐을 경우, 어느 한쪽이 이기게 되면 그는 군주에게 위협이 될 수도 있고 그렇지 않을 수도 있습니다. 이러한 두 가지 상황 중 어느 경우에나 군주의 입장을 명확히 밝히고 강력하게 싸우는 것이 언제나 더 현명한 정책이 됩니다.

적과 동료를 구별하지 못하는 우유부단함이 집단을 위기로 몰아넣는다

당신의 우방이 아닌 군주는 언제나 당신이 중립으로 남아 있기를 원하는 반면, 우호 세력인 군주는 항상 무기를 들고 함께 싸울 것을 원합니다. 우유부단한 군주들은 언제나 당장의 위험을 피하기 위해 중립으로 남으려 하지만, 그것은 번번이 파멸의 원인이 되고 맙니다.

뜻이 맞는 이를 적절히 지원할 때, 훗날 운명을 개척할 동맹이 탄생한다

만약 확실하게 지원했던 군주가 승리를 거두었을 경우, 비록 그가 강력한 세력을 갖추게 되었고 그의 처분만을 기다리더라도 그는 당신에게 신세를 졌기 때문에 우호관계에 의해 보호됩니다. 인간이란 결코 그런 상황에서 상대를 공격할 정도로 파렴치하지는 않습니다. 또한 특히 정의와 관련되었을 때, 승자가 오만하게 행동해도 무방할 만큼 완벽한 승리는 없습니다. 만약 도움을 주었던 군주가 패했더라도, 힘이 남아 있는 한 당신을 도와줄 것입니다. 그리하여 당신이 재기하는 길을 함께 개척해 나갈 동맹이 됩니다.

자신에게 과분한 승리를 목적으로
도움을 요청하는 것은 위험하다

피치 못할 상황이 아니라면 다른 국가를 공격하기 위해서 자신보다 강력한 군주와 동맹을 맺어서는 안 된다는 점을 명심해야 합니다. 만약 그와 함께 승리를 거두게 되면 당신은 그의 수중에 들어갈 것이기 때문입니다. 군주란 모든 노력을 다해 다른 군주의 처분에 자신을 맡기는 일은 피해야만 합니다. 베네치아인들은 밀라노 공작을 공격하기 위해 스스로 프랑스와 동맹을 맺었습니다. 그들은 이 동맹을 피할 수도 있었지만, 결국 그로 인해 몰락하게 되었습니다.

언제든 집단은 위기에 빠질 수 있다는 생각으로 기민한 위기의식을 지니고 있어야 한다

어떤 국가든 자신들이 안전한 정책으로 정치를 하는 중이라고 믿어서는 안 됩니다. 오히려 모든 정책은 위험을 수반한다는 점을 깨달아야 합니다. 세상의 이치로 볼 때, 하나의 위험을 피하고자 하면 이윽고 다른 위험에 직면하기 때문입니다. 따라서 신중하게 어려움의 정체를 파악하고 피해가 최소화될 수 있는 대안을 선택해야 합니다.

능력 중심의 사람을 우대하고
그들이 적절한 역할을 수행하도록 도와야 한다

군주는 또한 모든 기술 분야에서 뛰어난 능력을 보이는 자를 우대하고 이를 널리 과시해야만 합니다. 더 나아가 신민과 신하들이 상업과 농업 및 그 외의 분야에서 평화롭고 안정적으로 종사할 수 있도록 해야 합니다. 그들이 재산을 빼앗길 것을 두려워해 이를 늘리는 것을 주저하거나, 세금이 두려워 상업에 종사하지 않으려는 일이 없도록 해야 합니다. 오히려 군주는 어떤 방법으로든 그의 도시와 국가를 명예롭게 하려는 자들에게 보상을 내려야 합니다.

고통과 무기력함을 해소하기 위해 건강한 놀이 문화를 보존해야 한다

일 년 중 적절한 시기에 축제나 볼거리를 만들어 사람들을 즐겁게 만들어야 합니다. 각각의 도시는 길드나 씨족 단위로 나뉘어 있는데, 군주는 그러한 집단에 적절한 호의를 베풀어 그들과 어울리면서 자비로움과 넉넉한 씀씀이를 보여줘야 합니다. 하지만 어떤 경우라도 군주로서의 위엄은 훼손되어서는 안 됩니다. 그러므로 그것을 보존하기 위해 항상 신경을 써야 합니다.

현명한 이의 조언을 귀담아듣는 것 역시도 훌륭한 재능이다

조언을 해줄 신하를 선택하는 일은 군주에게 무척 중요한 문제입니다. 그들이 훌륭한 재능을 갖추었는지 혹은 그 반대인지는 군주의 지혜에 달려 있습니다. 통치자 의지적 능력을 알고 싶다면 우선 그 주변에 있는 인물들을 살펴볼 필요가 있습니다. 그들이 유능하고 충성스럽다면 그 군주는 지혜로운 사람입니다. 왜냐하면 군주에게는 그들의 재능을 파악하고 충성을 바치도록 만드는 능력이 있기 때문입니다. 만약 그 반대의 경우라면 군주를 낮게 평가할 수밖에 없습니다. 그 군주가 저지른 가장 큰 실수가 그러한 측근들을 선택한 것이기 때문입니다.

자신의 지적 능력을 객관적으로 이해하고 그에 따라 올바른 처신을 하기 위해 노력해야 한다

인간은 지적 능력에 따라 세 가지로 나눌 수 있습니다. 첫 번째는 사물을 스스로 이해하는 것이며, 두 번째는 남들의 설명을 들은 후 판단하는 것이고, 세 번째는 남의 이야기를 듣고서도 결코 이해하지 못하는 것입니다. 첫 번째 부류는 매우 우수하고, 두 번째는 우수하며, 세 번째는 쓸모없는 경우라 할 수 있습니다.

모든 일에는 우선순위가 있으며 공동의 목표는 한 개인의 욕망보다 중요하다

군주가 신하의 사람됨을 판단할 수 있는 확실한 방법이 있습니다. 만약 군주의 일보다 자신의 일에 대해 더 많이 생각하고 모든 행동에서 자신의 이익을 추구한다면, 그는 결코 좋은 측근이 될 수 없습니다. 그래서 군주는 결코 그를 신뢰할 수 없습니다.

모든 일에는 적절한 보상이 이루어져야 하며 그러지 못할 경우 질서는 어지러워질 수 있다

군주를 대신하여 국가를 다스리는 사람은 절대 자신을 돌보아서는 안 됩니다. 왜냐하면 언제나 군주에 대해서만 생각해야 하기 때문입니다. 반면에 군주는 측근의 충성심을 유지하기 위해 그를 잘 관찰하여 우대하고 부유하게 만들며 친숙하게 대하면서 명예와 관직을 수여하는 등 그를 잘 보살펴주어야 합니다. 그렇게 하면 그 측근은 군주 없이는 자신이 존재할 수 없다는 것을 알게 되며, 이미 얻은 풍부한 재산이 있으므로 더 많은 재산을 탐하지 않게 됩니다.

리더는 기회를 엿보기 위해 아첨하는 이들을 구별할 줄 알아야 한다

군주가 현명하지 못하거나 측근을 제대로 선택하지 못했을 경우, 어떤 단 하나의 실수를 중요하게 여기지 않을 수도 없습니다. 바로 조정에 널리 퍼져 있는 아첨꾼들에 관한 문제입니다. 인간들은 자신과 관련된 문제에 있어 자만심이 강하고 스스로 속는 존재입니다. 그러므로 자기기만이라는 질병으로부터 벗어나는 것은 매우 어려운 일입니다. 또한 아첨꾼들로부터 자신을 보호하기 위한 모종의 방법들은 멸시를 받게 되는 위험을 수반합니다.

092

조언을 해야 할 때와 침묵해야 할 때는 구별할 줄 아는 것이 훌륭한 신하의 자세이다

그러므로 군주는 언제나 조언을 들어야 하지만 남이 아닌 자신이 원할 때 들어야 합니다. 요구하지도 않았는데 아무에게서 조언을 얻는 일은 없도록 해야 합니다. 그러나 군주는 자신의 요청으로 얻은 솔직한 조언들에 대해서는 참을성 있게 귀를 기울일 태세가 준비되어 있어야 합니다. 더 나아가 요청에도 불구하고 신하가 군주에게 침묵을 지키고 아무 조언도 하지 않는다면 노여움을 표시해야 합니다.

어떤 훌륭한 지혜라도
스스로 받아들일 능력이 없다면
그것은 아무것도 아닌 것이 된다

인간이란 어떤 필요에 의해 선한 행동을 해야만 하는 경우가 아니라면, 당신에게 악행을 저지릅니다. 그리하여 자신의 이익을 따지지 않는 순수한 조언자를 구할 수는 없습니다. 따라서 훌륭한 조언이란 누가 제시하든 간에 상관없이 근본적으로 군주의 현명함에서 비롯되는 것입니다. 절대 훌륭한 조언에 의해 군주의 현명함이 생기는 것이 아닙니다.

094

**중대한 역할을 맡게 된 인물은
그만큼 큰 주목을 받게 되므로, 그 관심을
만족과 신뢰로 만들기 위해
더욱 노력해야 한다**

신생 군주의 행동은 세습 군주보다 훨씬 더 많은 주목을 받습니다. 만약 그의 업적이 훌륭하다고 인정되면 세습 군주보다 더 많은 인재를 끌어모을 수 있으며 그들을 다른 누구보다도 더 강하게 결속시킬 수 있습니다. 왜냐하면 인간은 과거보다는 현재의 문제에 훨씬 더 많은 관심을 두기 때문입니다. 그리고 노력의 결과가 만족스럽게 나오기 위해 모든 힘을 기울일 것입니다.

운명은 인생의 반을 차지하지만
나머지 반은 인간의 스스로 관장한다

세상일이란 보통 운명과 신에 의해 좌우된다고 믿는 경향이 있습니다. 사람들은 인간의 능력이 운명을 통제할 수 없다고 생각합니다. 그래서 인간의 지혜로는 운명과 신을 거스를 대책이 없으므로 이와 관련된 문제는 노력을 기울일 필요도 없고 그저 운명이 지배하도록 내버려두는 것이 좋다고 생각하는 경향도 많습니다. … 중략 … 그러나 운명이 인간의 삶 중에서 반을 관장한다고 해도 자유 의지가 영원히 사라지지 않도록 하기 위해서라면, 적어도 나머지 절반만큼은 우리 인간들에게 맡겨져 있어야 합니다.

현상 그 자체가 아니라, 그 현상을 어떻게 극복할지에 대해 고심해야 한다

저는 운명의 여신을 격렬하게 넘실대는 강물에 비유하고자 합니다. 그 거친 물결이 넘치게 되면 평원을 뒤덮고 나무와 건물을 파괴해버리며, 이쪽의 땅을 휩쓸어 다른 곳에 옮겨놓습니다. 모든 사람이 물결 앞에서 도망가버리고, 그 어떤 방법으로도 맞설 수가 없어서 굴복하고 맙니다. 그러나 비록 강물이 그러한 본성을 지녔다 해도, 강이 평온해졌을 때 인간이 제방과 둑을 쌓아 예방 조치를 하면, 강물이 다시 불어 넘치더라도 수로를 따라 흐르게 하거나 그 세력을 약화시켜 위험하지 않도록 만들 수는 있습니다. 운명의 경우도 이와 마찬가지입니다.

겸손함이란 시대에 맞게 자신의 행동을
결정할 줄 아는 재능이다

재능이나 성품이 전혀 변하지 않았음에도 오늘은 흥했다가 내일은 망하는 군주를 볼 수 있습니다. 저는 이러한 변고는 무엇보다 앞에서 충분히 논의했던 여러 원인에 의해 발생한다고 믿고 있습니다. 말하자면 전적으로 운명에 의지하던 군주는 그 운명이 변화하면 몰락해버린다는 것입니다. 또한 우리의 대처 방식이 시대와 상황에 적합하면 성공할 것이며, 자신의 행동 방식을 시대와 조화롭게 이끌지 못한 사람은 실패한다고 생각합니다.

098

시대의 흐름에 맞게
자신의 성격을 변화시킬 수 있다면
성공은 자연히 따르게 된다

어떤 사람이 신중하고 참을성 있게 행동했는데 시대와
상황이 그가 택한 방법에 어울리는 방향으로 변화한다면
그는 성공할 것입니다. 그러나 시대와 상황이 다시 변하면,
그는 자신의 행동 방식을 변화시키지 않는 한 실패할
것입니다. 이러한 변화에 아주 민첩하게 대응할 수 있을 만큼
용의주도한 사람은 그다지 많지 않습니다. 우리는 타고난
천성과 기질로부터 벗어날 수 없거나, 항상 성공을
거두어 왔던 일정한 방법을 바꾸려 하지 않기 때문입니다.

099

논리적인 법률과 제도를 유지하는 것은 리더의 가장 중대한 덕목이다

스스로의 힘으로 새로운 법률과 제도를 만들어내는 것은 신생 군주에게 커다란 명예입니다. 이러한 제도들이 짜임새 있게 구축되고 위업을 성취하는 데 기여하게 되면 군주는 존경받게 되고 경탄의 대상이 됩니다.

자신의 의지를 믿고 어려움을 이겨낼 때, 위대한 지도자는 탄생한다

전하께서는 절대 놓쳐서는 안 되는 좋은 시기를 맞이하셨으니 앞서 제가 모범으로 제시해 드린 위인들의 방법을 따르기만 하신다면 커다란 어려움 없이 과업을 이루실 수 있을 것입니다. 그리고 신께서 전하께 전하는 특별한 전조들이 곳곳에서 나타나고 있습니다. 즉, 바다가 갈라지고, 구름이 전하의 앞길을 제시하며, 바위에서 물이 솟아나며, 하늘에서 만나 떨어지는 등 모든 것이 전하의 영광을 위해 모여들고 있습니다. 그러나 신은 인간의 자유 의지를 빼앗지 않기 위해 모든 것을 쉽게 이루어주지는 않기 때문에 전하도 자기 몫의 임무를 수행해야 합니다.

지은이 니콜로 마키아벨리

1469년 피렌체에서 태어났다. 르네상스 시대의 이탈리아 사상가이자 정치철학자로, 1494년 메디치 가가 몰락할 무렵 공직에 오르며 이름을 알리기 시작했다. 피렌체 공화정의 붕괴, 메디치 가의 지배력 회복 등의 과정을 거치며 공직에서 추방되기도 했는데, 이때 다양한 저술활동을 펼쳤다. 그중 대표적인 것이 『군주론』으로, 마키아벨리는 이 책을 써서 메디치 가의 군주에게 바쳤다. 위대한 군주, 풍요롭고 번영하는 국가란 어떤 것인가를 쓴 것으로, 국가의 이익을 위해 군주가 취해야 할 행동, 군주의 덕과 종교에 대해 시대에 반하는 사상을 담아 큰 논란을 불러 일으켰다. 1513년에는 메디치 군주정에 대한 반란 혐의로 투옥되기도 했으며, 1527년 사망하였다.

엮은이 김민준

이야기를 씁니다. 인생에서 지키고 싶은 문장 몇 가지는 분명하게 지니고 있는 애매한 사람입니다. 때때로 지나친 공허함에 스스로를 가두어 두지만 소설을 쓰고 있으면 영혼의 목소리가 맑아지는 것 같아서 조금은 더 오래 이 길을 걷고 싶습니다.

훌륭한 지도자가 되고 싶은 당신에게
군주론 100일 필사

초판 1쇄 인쇄 2025년 6월 20일
초판 1쇄 발행 2025년 6월 25일

지은이 니콜로 마키아벨리
엮은이 김민준
펴낸이 남기성

펴낸곳 주식회사 자화상
인쇄,제작 데이타링크
출판사등록 신고번호 제 2016-000312호
주소 경기도 고양시 덕양구 꽃마을로 34, 1006호,1007호(향동동, DMC스타팰리스)
대표전화 (070) 7555-9653
이메일 sung0278@naver.com

ISBN 979-11-94440-08-6 03320

·파본은 구입하신 서점에서 교환해 드립니다.
·이 책은 저작권법에 의하여 보호를 받는 저작물이므로 무단 전재와 복제를 금합니다.